# Kaninchen halten für Einsteiger

Wie Sie die Kaninchenhaltung ohne Vorerfahrung gekonnt meistern

*inkl. Tipps zur Erstausstattung, bei Krankheiten und zur Dressur*

Frederick Buschmann

# ⅄ INHALT

# Das erwartet Sie in diesem Buch

Kaninchen sind wunderbare, niedliche und gern zu beobachtende Lebewesen. Mit ihren großen Kulleraugen und manchmal überlangen Ohren ziehen sie nahezu jeden tierfreundlichen Menschen und vor allem Kinder in ihren Bann. Es gibt sie in allen erdenklichen Farben und Formen.

Einige Kaninchen haben langes Fell und wiederum andere kurzes. Sie können recht groß sein oder auch sehr klein. Und wo liegt der Unterschied zwischen einem Hasen, dem Kaninchen und einem Zwergkaninchen? Diese Tiere eignen sich hervorragend als erstes Haustier für unsere kleinen

Mitbürger. Bedenken Sie aber, dass Kaninchen auch viel Arbeit verursachen und Sie Ihren Kindern auf jeden Fall bei dieser beistehen und helfen müssen. Auch sind sie keinesfalls so anspruchslos, wie es oft beschrieben wird. Kaninchenhaltung ist aufwändig und zeitintensiv. Diese Zeit sollten Sie vor allem bei der Beschäftigung der Kaninchen berücksichtigen. Ebenso sind die Kosten für die Anschaffung der Utensilien und Gerätschaften nicht zu verachten, die entstehen, bevor das erste Kaninchen einziehen kann.

Dies alles wird Ihnen in diesem Buch verständlich erklärt. Sie werden verschiedene Rassen kennenlernen und eine Beschreibung dieser finden. Es soll Ihnen etwas behilflich sein, sich für eine Kaninchenrasse entscheiden zu können.

Welche Möglichkeiten der Unterbringung gibt es und was müssen Sie bei der Fütterung beachten? Wird Ihr Kaninchen vielleicht sogar in der Lage sein, kleine Kunststücke zu lernen und wie können Sie Ihr Kaninchen beschäftigen?

In diesem Buch werden Ihnen die verschiedensten Möglichkeiten vorgestellt, wie Sie Ihr Tier am besten halten und beschäftigen können. Zur Vermeidung von Fehlern werden hier einige aufgezeigt und beschrieben, damit Sie von Anfang an alles richtig machen.

Im laufenden Text sind praktische Tipps integriert, wie Sie zum Beispiel einige Spielzeuge selbst herstellen können.

Wenn Sie ein wenig handwerklich begabt sind, können Sie Ihrem Kaninchen sogar eine Behausung selbst bauen. Die Anleitung können Sie in diesem Buch nachlesen.

Das und noch viel mehr Wissenswertes über Kaninchen erfahren Sie in diesem Buch, damit Sie Ihrem neuen Haustier ein angenehmes Kaninchenleben garantieren können.

# Kaninchen allgemein

D as Kaninchen gehört zu den Säugetieren. Es gibt Hauskaninchen, Wildkaninchen und noch viele weitere Arten, die nicht nahe mit dem Kaninchen, wie wir es kennen, verwandt sind. Auch diese werden aber trotzdem Kaninchen genannt. Sie alle gehören zur Familie der Hasen.

Zur Gattung der Kaninchen gehört zum Beispiel das Zwergkaninchen. Dieses ist aber keine eigene Art, sondern eine Variante des Hauskaninchens. Das normale Hauskaninchen ist eine Zuchtform des Wildkaninchens. Ein Zwergkaninchen kann bei guter Haltung mehr als 10 Jahre alt werden. Weltweit sind über 300 Kaninchenrassen vertreten.

Das Wildkaninchen kommt ursprünglich aus

Nordafrika und der Iberischen Halbinsel. Schon in sehr früher Weltgeschichte diente es als Haustier und somit als Fleischlieferant. Allmählich verbreitete es sich in Europa und Großbritannien und hielt durch die spanischen und portugiesischen Seefahrer auch Einzug in Amerika und Australien. Die dort ausgesetzten Tiere vermehrten sich schnell in freier Wildbahn und inzwischen sind sie auf der ganzen Welt beheimatet und nicht mehr wegzudenken.

Ein Kaninchen hat ein ausgesprochen gutes Sehvermögen. Die Anordnung seiner Augen ermöglicht ihm einen 360°-Rundumblick. Außerdem kann es weit entfernte Dinge sehr scharf erkennen. Auch sein Hörvermögen übertrifft das eines Menschen bei weitem. Das Kaninchen kann Töne hören, die wir nicht im Entferntesten wahrnehmen können. Ebenso haben sie einen sehr stark ausgeprägten Geruchssinn.

Die Zähne und die Krallen wachsen ein ganzes Kaninchenleben ständig nach und zweimal im Jahr unterzieht sich das Kaninchen einem Fellwechsel. Es gibt wenige Ausnahmen bei einigen Züchtungen. In diesem Fall dient das Fell der Gewinnung von Wolle. Im Frühjahr fällt das Winterfell ab und das Sommerfell wächst. Im Herbst ist es genau andersherum. Ein Kaninchen ist übrigens kein Nagetier, es zählt zu den Hasentieren. Ein weibliches Tier wird Häsin oder

Zibbe genannt, zu einem männlichen Tier sagt man Rammler oder Bock.

Nach etwa 30 Tagen Tragzeit kommen in der Regel vier bis sechs Jungtiere auf die Welt. Es können aber auch mehr sein. Sie werden von der Mutter im Nest gepflegt und gehütet. Sie sollten sich gut überlegen, ob Sie Nachwuchs züchten möchten, denn es kann schwierig werden, alle jungen Kaninchen in artgerechte Haltung weiterzugeben. Es gibt bei Kaninchen keine bestimmte Paarungszeit, dies ist das ganze Jahr über möglich. Eine Häsin kann bis zu sieben Würfe im Jahr austragen.

Das größte bisher bekannte Kaninchen brachte 25 Kilogramm auf die Waage. Das ist schon eine beachtliche Größe. Dieses Kaninchen verzehrte in einer Woche eine Futtermenge im Wert von etwa 60 €. Das älteste Kaninchen wurde 17 Jahre alt.

Die längsten Ohren gehörten einem englischen Widderkaninchen. Sie maßen unglaubliche 79 cm.

Dies sind nur einige Rekorde, die teils im Guinness Buch nachzulesen sind. Sicherlich gibt es hier noch viele weitere interessante Geschichten über Kaninchen und Hasen.

# Unterschied:
# Kaninchen & Hase

Der wohl markanteste Unterschied sind die Ohren. Bei den Hasen sind diese länger. Zudem sind ihre Hinterbeine kräftiger als bei den Kaninchen. Außerdem sind Hasen größer und schlanker gebaut.

Kaninchen kommen meist blind und ohne Fell zur Welt. Sie bleiben im Nest und werden hier von ihrer Mutter versorgt. Das Nest baut das Muttertier aus dem vorhandenen Einstreu und zusätzlich aus dem eigenen Fell, welches sie sich zu diesem Zweck selbst herauszieht.

Bei den Hasen ist es anders. Sie werden mit Fell

geboren und können von Anfang an sehen. Das ist sehr wichtig in der Wildnis, damit sie vor ihren Fressfeinden flüchten können. Diese Jungtiere bleiben nicht im Nest. Sie verstecken sich meist regungslos im hohen Gras oder Ähnlichem und werden hier von ihrer Mutter versorgt.

Oftmals findet man am Wegesrand ein einsames, in sich geducktes Hasen- oder Kaninchenbaby. Bitte nehmen Sie es in diesem Fall nicht mit nach Hause. Sie brauchen kein Mitleid mit dem Tier zu haben. Es kommt vor, dass die Jungen über Stunden allein gelassen werden. Die Mutter wird auf jeden Fall wieder zurückkommen und ihr Baby versorgen. Allenfalls können Sie versuchen, das Baby zu beobachten und vielleicht bei einer Wildtierhilfe nachfragen und um Hilfe bitten.

Ein weiterer Unterschied ist, dass Kaninchen gerne in Gruppen leben, während Hasen absolute Einzelgänger sind.

# Verhalten

Kaninchen leben, wie oben schon erwähnt, in Gruppen. Sie brauchen einander, denn sie halten zusammen zum Beispiel ihren Bau instand. Dieser besteht aus vielen Tunnelsystemen. Ein Männchen führt die Gruppe, welche aus mehreren Häsinnen und Jungtieren besteht, an. Des Weiteren üben sie untereinander die Fellpflege aus. Bei Gefahr klopfen Kaninchen laut mit den Hinterläufen auf den Boden, um die anderen in ihrer Kolonie zu warnen.

Während der Futtersuche laufen Kaninchen schon gut und gerne bis zu fünf Kilometer weit und benutzen immer dieselben Wege. Über Duftdrüsen markieren Kaninchen ihr Revier. Dies passiert entweder durch Absetzung von Urin oder Kot oder sie reiben mit ihrem Kinn an Gegenständen.

Sie können außerdem sehr gut riechen. Ein Kaninchen bemerkt es sofort, wenn ein fremdes Kaninchen plötzlich in die Gruppe kommt. In der freien Wildbahn wird dies nicht geduldet und fremde Artgenossen werden verjagt.

Laute Geräusche wird man von einem Kaninchen eher selten hören, sie sind meist stumm. Dies kann fatal werden, sollte Ihr Kaninchen einmal krank werden, denn es äußert seinen Schmerz nicht durch Laute.

Einige Geräusche gibt es dennoch von sich.

Wenn Sie ein tiefes Brummen hören, ist Ihr Kaninchen irritiert oder verärgert. Halten Sie Abstand und versuchen Sie herauszufinden, warum dieses Verhalten gezeigt wird.

Wenn Ihr Kaninchen faucht, sollten Sie auch in diesem Fall Abstand halten. Ihr Kaninchen ist angriffslustig und könnte zubeißen. Es ist ratsam, zu beobachten, warum Ihr Tier diese Angriffslust zeigt.

Hören Sie dagegen ein reibendes Geräusch, welches von den Zähnen herrührt, fühlt sich Ihr Kaninchen wohl. Vielleicht können Sie diesen Moment nutzen, um Ihren Liebling zu streicheln.

Dagegen ist ein lautes Zähneknirschen ein

Ausdruck von Schmerz. Hier sollten Sie unbedingt schnell handeln, um die Ursache herauszufinden und mit Ihrem Kaninchen einen Tierarzt aufsuchen, falls Sie nicht selbst für Abhilfe sorgen können.

Ein schrilles Quietschen signalisiert dagegen Angst. Sie sollten herausfinden, was zu dieser Angst führt und die Ursache beseitigen, damit sich Ihr Kaninchen wieder wohlfühlt.

Aus Langeweile oder weil Gefahr droht, stampft das Kaninchen manchmal laut mit den Hinterläufen auf den Boden. Schauen Sie, ob Sie die vermeintliche Gefahrenquelle beseitigen können.

Auch über die Körpersprache Ihres Kaninchens können Sie einiges über sein Wohlbefinden erkennen.

Ist es zum Beispiel neugierig, wird Ihr Kaninchen Männchen machen. So kann es sich einen Überblick verschaffen und sehen, was in seiner Umgebung passiert. Die Ohren sind dem jeweiligen Objekt der Begierde zugewandt und kippen meist nach vorn, wenn sich Ihr Kaninchen diesem nähert.

Sollte Ihr Kaninchen aggressiv sein, wird sein Schwanz, diesen nennt man auch Blume, aufgerichtet sein. Die Ohren aber sind flach angelegt und Ihr Kaninchen begibt sich in eine Sprunghaltung. Schnelles Flitzen und Haken schlagen bedeutet jedoch, dass Ihr Kaninchen Spaß hat. Es fühlt sich in seiner Umgebung wohl.

Wenn Ihr Kaninchen entspannt auf der Seite oder gar auf dem Rücken liegt, fühlt es sich absolut sicher und geborgen. Es weiß, dass ihm nichts passieren kann.

Wenn Sie einmal beobachten sollten, dass Ihr Kaninchen den eigenen Kot frisst, machen Sie sich keine Gedanken. Dies ist normal und absolut notwendig, da Ihr Tier damit wichtige Mineralstoffe zu sich nimmt.

Kaninchen sind am Tage teilweise aktiv, meist gegen Abend oder frühmorgens, aber gerade deshalb sind sie als Haustier besser geeignet als Hamster, Mäuse oder Chinchillas. Diese schlafen tagsüber und Sie bekommen kaum etwas von Ihren Tieren mit. Bitte denken Sie aber daran, dass Kaninchen keine Kuscheltiere sind. Sie mögen es nicht besonders gern, herumgetragen zu werden. Dieses ist meist mit großem Stress verbunden, da sie dann nicht mehr in der Lage sind, zu flüchten. Manche Tiere lassen es dennoch zu, aber dazu müssen Sie viel Vertrauen zu Ihren Kaninchen aufbauen.

# Haltung

**K**aninchen können fast überall gehalten werden. Ob in der Wohnung, dem Balkon oder im eigenen Garten. Allerdings braucht Ihr Kaninchen viel Platz zum Laufen und Hoppeln. Wenn Sie Ihr Tier in der Wohnung oder auf dem Balkon halten, bieten Sie ihm bitte viel Freilauf.

Dabei können Sie wunderbar mit ihm spielen und es beschäftigen. Auch ist so eine gute Beobachtung gewährleistet und Sie können feststellen, ob Ihr Tier sich wohlfühlt. Ein Stall sollte mindestens zwei bis drei Quadratmeter pro Kaninchen bieten. Empfehlenswert ist natürlich eine Haltung draußen im Gehege mit einem sicheren Unterschlupf. Auf zehn Quadratmetern Auslauf lassen sich durchaus fünf

Kaninchen halten, die sich hier dann auch wohlfühlen. Ist nur ein begrenzter Auslauf möglich, sollte der Käfig entsprechend groß sein.

Vielleicht haben Sie aber auch genügend Platz in Ihrer Wohnung oder in Ihrem Haus, sodass Sie ein komplettes Zimmer für die Kaninchen einrichten können. Hier können Sie dann verschiedene Versteckmöglichkeiten schaffen und für ausreichend Unterschlupf sorgen.

Ihrer Fantasie sind keine Grenzen gesetzt. Hauptsache, Ihre Tiere haben Abwechslung, können sich frei nach Laune bewegen oder sich aber zurückziehen, wenn ihnen danach ist. Katzenkratzbäume sind zum Beispiel sehr gut geeignet. Gerne möchten Ihre Kaninchen auch an Ihrem Leben teilhaben. Wenn es also möglich ist, sollten Sie die Tür zum Kaninchenzimmer auflassen und nur mit einem Gitter verschließen. So können Ihre Langohren immer sehen und hören, was Sie gerade machen.

Sollte eine Unterbringung so nicht möglich sein, können Sie auch nur einen Teil Ihres Wohnzimmers oder eines anderen Zimmers in ein Gehege verwandeln. Dazu besorgen Sie sich am besten einen Freilauf aus dem Handel. Achten Sie darauf, dass dieser mindestens 80 cm hoch ist, ansonsten können Ihre Kaninchen sehr einfach darüber hinwegspringen.

Sie können natürlich auch selbst ein Gitter oder eine Umrandung bauen, ganz nach Ihren Wünschen und Vorstellungen. Schützen Sie im Bedarfsfall auch Ihre Wände mit Gittern oder Plexiglas. Um den Fußboden zu schonen, legen Sie einfach günstiges PVC aus, welches eine griffige Struktur aufweist, damit Ihre Kaninchen nicht rutschen. Beachten Sie hier, dass die Ränder geschützt sind, damit sie nicht angenagt werden können. Auf diesem Fußboden legen Sie mehrere kleine Teppiche aus. Hier können es sich Ihre Tiere dann gemütlich machen. Etwa einmal in der Woche sollten Sie die Teppiche waschen. Zur Einrichtung sollte auf jeden Fall eine Buddelkiste gehören. Hier können Sie zum Beispiel eine ausreichend große Kunststoffkiste mit Deckel nehmen. Oben im Deckel schneiden Sie ein Loch aus, sodass Ihre Kaninchen hindurchschlüpfen können. Diese Kiste füllen Sie mit Sand.

Wenn Sie über einen Balkon verfügen, ist dies eine weitere Möglichkeit, Ihr Kaninchen unterzubringen. Hier können Sie ein wunderbares Reich für Ihre Langohren einrichten. Mindestens sechs Quadratmeter müssen Sie hier einplanen, um eine gegen Wind und Regen geschützte Hütte aufzustellen. Ein überdachter Teil des Freilaufes ist hier unumgänglich. Wenn Ihr Balkon nicht schon überdacht ist, sollten Sie hier ein Dach selbst fertigstellen. Der Fußboden kann wie in der oben beschriebenen Wohnungshaltung geschützt werden. Auch die weitere Einrichtung des Auslaufes kann wie oben beschrieben ausgeführt werden, also mit mehreren Versteckmöglichkeiten und Höhlen und Klettergerüsten ausgestattet werden.

Eine Haltung draußen im Garten ist immer noch die beste Möglichkeit, Ihren Tieren ein schönes Zuhause zu schenken. Hier ist immer frische Luft vorhanden. Die Einrichtung können Sie genauso gestalten, wie es in der Balkonhaltung beschrieben ist. Achten Sie allerdings auf Witterungseinflüsse, wie Regen und Sonne. Wenn das Gehege auf einer Rasenfläche oder auf sandigem Boden steht, denken Sie auch daran, dass Kaninchen gerne buddeln. Schützen Sie den Boden, indem Sie entweder Gehwegplatten verlegen oder aber einen Hühnerdraht im Boden verankern, damit sich Ihr Kaninchen nicht unter dem Gitter durchbuddelt und entfliehen kann.

Es ist zu beobachten, dass Kaninchen sehr reinliche Tiere sind. Sie benutzen zum Beispiel für ihre Hinterlassenschaften meist immer die gleiche Ecke. Es bietet sich an, hier eine Schale als Toilette hinzustellen. Wichtig ist es auch, bevor Sie sich dafür entscheiden, Kaninchen anzuschaffen, darüber nachzudenken, dass Sie für eine vertrauensvolle Betreuung Ihrer Tiere sorgen können, wenn Sie in den Urlaub fahren möchten. Denn auch während dieser Zeit wollen Ihre Tiere gut versorgt sein. Dieses gilt selbstverständlich auch für andere eventuell vorhandene Haustiere.

Wenn Sie jemanden gefunden haben, der sich bereit erklärt, für Ihre Kaninchen zu sorgen, diese Person aber keine Erfahrung mit Kaninchen hat, so erstellen Sie eine Liste mit allem, was zu tun ist und worauf geachtet werden muss. Stellen Sie auch sicher, dass im Falle einer Krankheit der Tierarzt aufgesucht wird und die betreuende Person selbstverständlich die Kosten hierfür ersetzt bekommt.

Alternativ können Sie auch einen entsprechenden Geldbetrag deponieren, damit der Tierarzt bezahlt werden kann. Sollten Sie niemanden in Ihrem Familien- oder Freundeskreis ausfindig machen können, gibt es in Ihrer Nähe sicher Tierpensionen, wo Sie Ihre Kaninchen für die Zeit des Urlaubes unterbringen können. Schauen Sie sich diese vorher an und vergleichen Sie die Preise. Hier gibt es erhebliche Unterschiede. Auf jeden Fall müssen Sie ein gutes Gefühl haben, schließlich soll es Ihren Kaninchen ja gut gehen.

# Erstausstattung

Bevor Sie sich ein, natürlich besser zwei, Kaninchen aussuchen und in ihr neues Zuhause bringen, müssen Sie für Ihre neuen Freunde einiges im Vorwege besorgen. Hier ist eine kleine Liste mit allem, was Sie benötigen:

### Für drinnen

einen ausreichend großen Kaninchenkäfig, besser ein großes Gehege

Einstreu: Stroh, Pellets oder Späne

ein Häuschen zum Schlafen

eine Kaninchentoilette (wie ein kleines Katzenklo, kann auch ein solches sein)

einen Fressnapf (für zwei Kaninchen natürlich zwei

Näpfe oder einen Doppelnapf)
einen Trinknapf oder eine Trinkflasche (für zwei Kaninchen einen etwas größeren Trinknapf aus schwerer Keramik)
eine oben geschlossene Heuraufe

### Futter
Heu
Frischfutter, Gras usw.
Trockenfutter
einen Nagerstein (nicht unbedingt notwendig)

### Für draußen
einen Außenstall
ein Außengehege
Stroh, Pellets oder Späne als Einstreu
eine Toilette
einen Futternapf
einen Trinknapf oder eine Trinkflasche
eine Heuraufe

Für den Transport, zum Beispiel zum Tierarzt, benötigen Sie eine verschließbare Box für Kleintiere. Ein Katzentransportkorb erfüllt hier auch seinen Zweck.

# Praxistipp

## EINEN AUßENSTALL MIT GEHEGE BAUEN

Um einen Kaninchenstall mit Gehege selbst zu bauen, bedarf es etwas handwerkliches Geschick und vielleicht den einen oder anderen Helfer dazu. Ideen und Fantasien können Sie hier frei ausleben. Ein folgendes, aber nicht ganz billiges, Beispiel kann Ihnen zur Anregung dienen. Die Kosten hierzu belaufen sich auf ca. 2.000 €. Die Bauzeit beträgt etwa 14 Tage.

> **Die Materialliste:**
> 2 Einzel-Carports
> einige Lamellenzäune für die Seitenwände
> mehrere Kompostroste zum Versenken in der Erde
> reichlich blanken 6-Eck-Draht für die Bespannung des Außengeheges und der Lamellen
> einige Dachlatten für die Tür und Querstreben
> viele Schrauben, Nägel und Scharniere usw.

Wenn Sie den richtigen Platz in Ihrem Garten gefunden haben (dieser sollte sich gut geschützt am Rande des Grundstücks befinden), bauen Sie als Erstes eines der Carports auf.

Danach schachten Sie den Boden aus, damit die Kompostgitter verlegt werden können. Diese bieten einerseits Schutz vor dem Eindringen wilder Tiere, andererseits verhindern sie, dass sich Ihre Kaninchen durch den Boden nach außen buddeln. Anschließend füllen Sie den Boden wieder auf.

Drei Seiten des Carports werden mit den Lamellenzäunen verkleidet, sie liefern einen Wind- und Wetterschutz. Um die Zwischenräume zwischen Lamellenzäunen und Boden zu schließen, können Sie hier Wellbleche oder anderes geeignetes Material einsetzen. Auch hier ist darauf zu achten, dass sich Ihre Kaninchen keinen Weg nach außen graben und keinerlei Tiere von außen in das Gehege gelangen können. Es ist sehr wichtig, alle Seiten des kompletten Baus mit dem Draht zu verkleiden und auch den Boden so zu schützen, dass weder andere Tiere eindringen noch Ihre Kaninchen ausbüxen können.

Das zweite Carport bauen Sie dann an die offen gebliebene Seite des ersten Carports. Dieses wird später das Außengehege.

Aus den Dachlatten fertigen Sie einen passenden Rahmen für die Tür. Diesen setzen Sie an eine geeignete Stelle des Außengeheges. An der Innenseite der Lamellenzäune befestigen Sie anschließend den Draht mit einem Tacker. Im überdachten Teil können Sie einen oder mehrere Außenställe platzieren, damit Ihre Kaninchen einen Rückzugsort haben. Bauen Sie am besten die Gitter aus, damit Ihre Tiere ungehinderten Zugang haben. Eine Holzleiter an die Seite des Stalles gelehnt, ermöglicht Ihren Tieren den Aufstieg auf den Stall, um einen schönen Ausblick zu genießen.

Das fertige Kaninchengehege können Sie nun nach Lust und Laune mit allen möglichen Sachen, Spielzeug und Klettermöglichkeiten einrichten.

Im Internet finden Sie sicher noch viele weitere Ideen, um ein Außengehege herzustellen. Die eine oder andere wird mit Sicherheit auch günstiger und einfacher sein als die oben beschriebene.

## EIN KANINCHENZIMMER EINRICHTEN

Nicht immer ist es möglich, Kaninchen im Garten zu halten. Hier bekommen Sie einen Eindruck davon, wie ein Kaninchenzimmer aussehen könnte:

Vorzugsweise haben Sie einen ganzen Raum für Ihre Kaninchen über.

Die Kosten belaufen sich etwa auf 250 €, je nach verwendetem PVC, Holz und Größe des Zimmers. Für die Bauzeit planen Sie um die zwei Tage ein.

Legen Sie das gewünschte Zimmer mit rutsch-festem PVC aus, um Ihren Tieren beim Laufen und Spielen ein angenehmes Gefühl zu verleihen. Die Ränder befestigen Sie mit Holzleisten, damit das PVC nicht benagt werden kann.

An den Wänden bringen Sie dünne Holzplatten an, damit diese geschützt bleiben. Ihre Kaninchen könnten sonst die Wände durch Anknabbern und Kratzen sehr in Mitleidenschaft ziehen. Auch eine eventuell vorhandene Heizung muss geschützt wer-den, falls diese im Winter in Betrieb sein soll, denn die Heizungsrohre können sehr heiß werden. Achten Sie auf einen ausreichenden Abstand zwischen

Heizung und dem Schutz. Dieser muss außerdem hoch genug sein, damit er von Ihren Kaninchen nicht übersprungen werden kann. Nicht auszudenken, wenn sich eines Ihrer Tiere dahinter verkeilt und an der heißen Heizung stecken bleibt.

Eventuell vorhandene Steckdosen, die nicht mit verkleidet werden können, sichern Sie mit einer Kindersicherung.

Das Fenster, welches Sie im Sommer sicher einmal öffnen werden, um frische Luft hereinzulassen, bespannen Sie mit einem Fliegennetz, damit keine unerwünschten Insekten in das Zimmer gelangen.

Nun kann es schon an die Einrichtung gehen. Legen Sie mehrere kleine, waschbare Teppiche aus. Ihre Hasen werden sie gerne als Liege- und Ruheplatz nutzen. Diese sollten Sie etwa einmal in der Woche in der Waschmaschine reinigen.

Kleine Häuschen bieten einen Rückzugsort. Diese können Sie auch leicht aus Sperrholzplatten selbst herstellen und mit einem ungiftigen Lack anmalen.

Plastikwannen in verschieden Größen eignen sich hervorragend als Kaninchentoilette. Diese sollten Sie an den von Ihren Tieren bevorzugten Stellen platzieren. Ihre Kaninchen suchen sich meist eine Ecke des Raumes aus, wo sie ständig urinieren und koten. An diese Stelle platzieren Sie die Toilette für Ihre Tiere.

Eine weitere Anregung ist es, ein Holzregal aufzustellen. Hier lassen sich erstens einige Gegenstände lagern und zweitens dient es Ihren Kaninchen als Turnplatz.

Auch einen Buddelplatz sollten Sie Ihren Tieren gönnen. Hier ist ein passender Behälter mit Sand zu füllen. Ihre Fellnasen werden es lieben. Vielleicht hat dieser Behälter einen Deckel, den Sie mit einem Loch versehen können. Hier können Ihre Kaninchen dann hinein und hinausgelangen.

Vergessen Sie nicht, für Abwechslung bei der Beschäftigung und beim Futter zu sorgen.


## EINRICHTUNG DES GEHEGES

Auf jeden Fall müssen Sie darauf achten, dass die Einrichtung für Kaninchen geeignet ist. Die verwendeten Gegenstände dürfen nicht mit schädlichen Lacken behandelt sein. Wenn Sie einige Einrichtungsgegenstände selbst bauen wollen, nehmen Sie zum Anstreichen Lacke, die für kleine Kinder oder Babys zugelassen sind. Diese sind für Ihre Lieblinge unschädlich.

Am besten greifen Sie jedoch zu solchen Sachen,

die aus Naturholz hergestellt sind. Daran können Ihre Kaninchen nach Herzenslust herumknabbern, was sie auch mit Sicherheit tun werden.

Ein absolutes Highlight stellt eine sehr große Kaninchenburg dar. In diese passen auch große Rassen. Wenn Sie mehrere Exemplare beschaffen, können Sie eine richtig große Spielwelt aus Burgen bauen, welches sehr schön anzusehen ist. Diese Kaninchenburg ist weder mit Leim noch mit Nägeln verbaut, sodass hier ungehinderter Spielspaß garantiert ist. Im Internet können Sie diesen Einrichtungsgegenstand günstig erwerben.

Ebenso freuen sich Ihre Kaninchen über viele Brücken aus Holz. Eine in einem Holzregal integrierte Treppe verschafft Ihren Fellnasen eine schöne Aussichtsplattform. Rascheltunnel und solche aus Holz oder Kunststoff werden Ihre Kaninchen lieben, da sie von Natur aus in einem Röhren- und Tunnelsystem leben. Es gibt auch welche, die mehrere Ein- und Ausgänge haben. Diese werden besonders gerne angenommen. Auch sind Röhren aus Kork geeignet.

Im Handel ist ein sogenanntes Heustadl erhältlich. Dieses ist an drei Seiten geschlossen, die vierte Seite ist offen und es besitzt ein Flachdach. Sie werden Ihre Kaninchen gerne auf diesem sitzen sehen.

Ein Katzenkratzbaum hat sich auch sehr gut bewährt, da hier viele Möglichkeiten zum Verstecken gegeben sind. Außerdem haben Ihre Kaninchen hier eine weitere Klettergelegenheit.

Einfache runde Pflanzsteine lassen sich hervorragend zu Tunneln umfunktionieren. Legen Sie diese einfach auf die Seite. Wenn Sie die Pflanzsteine ein wenig eingraben, können Sie sie auch mit Erde bedecken und Moos oder Gras darüber anpflanzen. Dies sieht nicht nur dekorativ aus, sondern bietet Ihren Kaninchen auch noch einen Futterplatz.

Ein fertiges Katzenhaus aus Holz ist eine weitere hübsch anzusehende Einrichtung. Unten können sich Ihre Kaninchen gut verstecken und die Terrasse bietet einen schönen Aussichtspunkt. So haben Ihre Tiere alles gut im Blick. Auch solche, die es für Hunde gibt, sind natürlich für diesen Zweck geeignet.

Einfache Kaninchenkäfige können Sie als Liegeflächen oder als Futter- und Toilettenplatz verwenden. Die Gitter können Sie abbauen und nur die Wannen verwenden. Sollten Sie die Gitter beibehalten, legen Sie bitte unbedingt eine Holzplatte oder einen Teppich darauf, damit sich Ihre Tiere nicht verletzen können, wenn sie auf den Käfig springen. Die Gittertüren sollten Sie, um Verletzungen vorzubeugen, entfernen.

Einen ausgedienten Weidenkorb können Sie mit Heu befüllen. Dieses stellt eine wunderbare und natürliche Heuraufe dar.

# Pflege

Sie haben nun für Ihr Kaninchen alles besorgt und Ihr neuer Hausgenosse ist eingezogen. Was müssen Sie jetzt beachten, damit sich Ihr Kaninchen auch wohlfühlt?

Neben dem ausreichend großen Stall oder Käfig (es ist immer wieder zu betonen, dass von einer Haltung im Käfig abzusehen ist) ist natürlich das Futter wichtig. Auch dieses haben Sie in genügender Menge vorrätig, genauso wie das Heu und Stroh.

Jetzt fragen Sie sich zum Beispiel, wie lang die Krallen Ihres Kaninchens werden können?

Sollten Sie Ihr Tier in der Wohnung halten, hat es kaum Möglichkeiten, die Krallen auf natürlichem Wege abzunutzen. Dafür gibt es im Fachhandel

Scheren und Knipser, mit dessen Hilfe Sie ganz einfach die Krallen stutzen können. Aber Vorsicht: Verletzen Sie auf keinen Fall die kleinen Blutgefäße in den Krallen. Sollten Sie sich diese Prozedur nicht zutrauen, zum Beispiel weil Ihr Kaninchen nicht richtig ruhig genug ist, können Sie das Stutzen der Krallen auch dem Tierarzt überlassen.

Ebenso wichtig ist es, auf die Zähne Ihres Kaninchens zu achten. Diese wachsen ständig nach und wenn sie zu lang werden, kann Ihr Tier seine Nahrung nicht mehr richtig und ausreichend zu sich nehmen. Um dem vorzubeugen, bieten Sie Ihrem Liebling frische Zweige, am besten von Obstbäumen, an.

Ein Baden Ihres Kaninchens ist in der Regel nicht notwendig und auch nicht unbedingt gut. Die Tiere sind sehr reinlich und führen eine ausgiebige Fellpflege auch untereinander durch. Sollte es aber mit Parasiten, zum Beispiel Flöhen oder Ähnlichem, befallen sein, kann es durchaus nötig werden, Ihr Kaninchen zu baden. Auch bei Durchfallerkrankungen ist es sinnvoll, die Afterregion mit Hilfe eines Bades zu reinigen.

Nehmen Sie hierzu bitte eine kleine Schüssel, die mit wenigen Zentimetern Wasser gefüllt ist. Ihr Tier sollte keine Angst haben, mit dem Kopf unter Wasser zu geraten. Nach dem Bad trocknen Sie das Tier gründlich ab. Achten Sie darauf, dass es keiner Zugluft ausgesetzt ist, denn es könnte sich sonst erkälten. Vielleicht können Sie ihm beibringen, sich das Fell föhnen zu lassen. Manche Tiere lassen dies zu.

Zur Pflege Ihres Kaninchens gehört selbstverständlich auch die Reinigung des Käfigs oder Stalles samt Auslauf. In regelmäßigen Abständen, am besten täglich, entfernen Sie die Hinterlassenschaften Ihres Tieres und streuen neu über. Nach Bedarf reinigen Sie den ganzen Käfig mit heißem Wasser. Die Näpfe sollten Sie täglich sauber machen.

Für ein größeres Außen- oder Innengehege müssen Sie natürlich mehr Zeit einplanen, um eine gründliche Reinigung vorzunehmen. Es sei immer wieder angemerkt, dass ein Gehege Ihrem Kaninchen eine bessere Lebensqualität bietet, da es sich hier viel besser austoben und bewegen kann.

Beim täglichen Spiel freut sich Ihr Kaninchen sicherlich auch über ausgiebige Streicheleinheiten. Hierzu können Sie gerne eine geeignete kleine Bürste oder einen speziellen Handschuh mit Noppen zu Hilfe nehmen. Lose Haare können Sie damit sehr gut entfernen.

Ansonsten sind Kaninchen recht problemlos zu halten. Besondere weitere Ansprüche, außer der beschriebenen, haben sie nicht.

# Fütterung

**D**as Frischfutter ist neben dem Heu der Hauptbestandteil der Ernährung. Auf die üblichen Trockenfuttermischungen können Sie eigentlich verzichten, aber dennoch werden sie von den Kaninchen gerne gefressen. Selbstverständlich können Sie Ihrem Liebling auch Trockenfutter anbieten. Hier müssen Sie dann schauen und verschiedenes Futter ausprobieren, um festzustellen, welches von Ihren Kaninchen bevorzugt wird.

Sollten Sie zum Beispiel auf dem Lande wohnen, machen Sie doch täglich einen Spaziergang und pflücken Sie hierbei frischen Löwenzahn. Dies mag Ihr Freund gerne. Am besten gehen Sie in wenig befahrene ländliche Wege, damit das Löwenzahn nicht zu sehr vom Straßenverkehr belastet ist. Auch frisch gepflücktes Gras wird Ihr Kaninchen gerne verzehren.

Außerdem können Sie Möhren samt Kraut anbieten sowie Gurken und Kohlrabi. Auch Kohlblätter in verschiedenen Variationen dürfen Sie hin und wieder geben. Doch hier ist Vorsicht geboten. Zu viel Kohl schadet Ihrem Kaninchen, denn er hat eine blähende Wirkung.

Broccoli und Chicorée dürfen Sie Ihrem Kaninchen gerne anbieten sowie Eisbergsalat, Feldsalat, Rucola und Endiviensalat. Eigentlich sind sämtliche Arten von Salat geeignet, um von Ihrem Tier verzehrt zu werden. Zudem mag es Paprika, Radieschen mit Blättern (von diesen aber bitte auch nur in geringen Mengen), Fenchel, Sellerie mit Blättern und Topinambur.

Ab und an darf es auch einmal ein wenig Rote Beete sein.

Gerne wird Ihr Kaninchen frische Zweige annehmen. Hier können Sie zum Beispiel Zweige mit Blättern von Apfel, Birne, Haselnuss, Johannis- und Heidelbeere verwenden. Ein Vorteil dieser Zweige ist, dass Ihr Kaninchen sich die Zähne abwetzen kann. Täglich frisches Wasser für Ihr Tier ist selbstverständlich.

## WAS DARF IHR KANINCHEN NICHT FRESSEN?

Es gibt einige Obst- und Gemüsesorten, auf die Ihr Kaninchen besser verzichten sollte. Dazu gehören zum Beispiel sämtliche Zwiebelgewächse. Auch Hülsenfrüchte, wie Bohnen, Erbsen und Linsen, sind nicht geeignet. Exotische Früchte, wie Avocados, Mangos, Papaya usw., gehören ebenfalls nicht auf den Speiseplan Ihres Kaninchens.

Es gibt im Fachhandel eine große Auswahl an Leckerlis und Knabberstangen. Sie sollen dem Zahnabrieb nützlich sein. Leider ist dies nicht der Fall. Sie können Ihrem Kaninchen selbstverständlich hin und wieder solche Leckereien anbieten, aber es sollte nicht ständig zum Futter gehören, da hier auch viel Zucker, Getreide und Nüsse enthalten sein können. Das schadet der Gesundheit Ihres Kaninchens eher, als dass es Gutes tut.

Ebenso gehören keine Milcherzeugnisse und pflanzliche Nebenerzeugnisse sowie Getreide, Honig und Zucker in den Napf Ihres Tieres. Da getrocknetes Brot schwer verdaulich ist, sollten Sie auch hierauf besser verzichten.

Salz- und Kalksteine bieten zu viele Mineralien auf einmal. Deshalb ist auch hier Vorsicht geboten, obgleich im Handel dafür geworben wird, dass es für Ihr Kaninchen gesund ist. Aber genau das Gegenteil ist der Fall. Es nimmt zu viele Mineralien auf, was zu Nierenproblemen und Harnsteinbildung führen kann.

# Krankheiten

**E**in gesundes Kaninchen erkennen Sie vor allem an seinem dichten, glänzenden Fell. Runde, ovale oder schuppige Flecken auf der Haut würden auf einen Befall mit einem Pilz oder Milben hinweisen. Während des Frühjahres und des Herbstes ist es allerdings normal, dass Ihr Kaninchen das Fell verliert und deshalb vielleicht manchmal sehr struppig aussieht.

Ihr Tier ist gesund, wenn es lebhaft und neugierig seine Umwelt erkundet. Seine Augen sind glänzend und nicht verklebt. Die Nase und die Ohren sind frei von Sekreten, ein borkiger Belag in oder an den Ohren würde auf eine Entzündung oder eine Räude hindeuten.

Ebenso sollte die Afterregion sauber und trocken sein, ansonsten könnte es sein, dass Ihr Kaninchen unter Durchfall leidet. In diesem Fall ist der Weg zum Tierarzt unumgänglich.

Die Gelenke sind frei von Schwellungen und Verdickungen und die Krallen sollten kurz sein. Diese nutzen sich bei artgerechter Haltung von allein ab. Außerdem sollte Ihr Kaninchen einen guten Appetit haben. Kaninchen sind fast den ganzen Tag mit der Nahrungsaufnahme beschäftigt.

Wenn Sie bemerken, dass es Ihrem Kaninchen nicht gut geht, ist selbstverständlich der Weg zum Tierarzt ratsam. Nur er kann Ihnen genau mitteilen, woran Ihr Tier erkrankt ist und die entsprechenden Medikamente einsetzen.

Leider ist es oft nicht sofort offensichtlich, wenn es Ihrem Langohr nicht gut geht. Ein Kaninchen leidet meist still, es lässt es sich nicht anmerken, dass es krank ist. Das liegt in seinen Genen verankert, denn in der Natur würde es schnell aus der Kolonie ausgestoßen werden, da es Fressfeinde anlocken würde. Mit der Zeit werden Sie aber Ihr Kaninchen kennenlernen und schnell erkennen, ob es ihm gut geht oder nicht.

Viruserkrankungen sind häufig verbreitet, zum Beispiel Myxomatose und die Chinaseuche. Gegen diese Krankheiten können Sie Ihr Tier aber impfen lassen.

Auch ein Kaninchenschnupfen kann vorkommen, welches aber dann eine bakterielle Krankheit ist.

## DIE TROMMELSUCHT

Durch Verdauungsstörungen kann eine Trommelsucht entstehen. Ihr Kaninchen zeigt einen aufgeblähten Bauch, welcher mit der Zeit immer härter wird. Es hat starke Schmerzen, die sich mit einem gekrümmten Rücken, Knirschen mit den Zähnen oder eben durch Trommeln mit den Pfoten äußern. Die Ursache ist häufig in nicht genügender Fellpflege zu finden. Vor allem bei Kaninchen mit langem Fell kann es schnell dazu kommen, dass größere Haarbüschel während der Fellpflege verschluckt werden und eine Verstopfung verursachen. Durch die dann entstehende blockierte Verdauung gärt noch vorhandenes Futter im Körper und verursacht Gase, die dann den Bauch aufblähen lassen.

Ihr Tierarzt kann durch eine Röntgenuntersuchung feststellen, ob sich Ihr Verdacht bestätigt. Er wird ein entgasendes Mittel verabreichen. Nun muss die Verdauung wieder angeregt werden. Sollte Ihr

Kaninchen eine Nahrungsaufnahme verweigern, ist leider eine Zwangsernährung notwendig. Manchmal werden auch Schmerzmittel verabreicht. Wenn sich herausstellt, dass eine große Menge Haare die Ursache ist, kann auch eine Operation notwendig werden.

## PARASITEN

Auch Kaninchen können von Flöhen, Milben oder Würmern und anderen Parasiten befallen werden. Sollten Sie einen Parasitenbefall feststellen, ist es unumgänglich, den Tierarzt aufzusuchen, damit dieser die genaue Art des Befalles herausfinden kann.

Bei Flöhen oder Milben wird meist ein Puder oder Spray mitgegeben, um die Plagegeister wieder loszuwerden und bei einem Wurmbefall gibt es in der Regel eine Paste zum Verabreichen.

Anders sieht es zum Beispiel bei einer Kokzidiose aus. Dieser Parasit ist nur bei einem Kaninchen zu finden. Sollte ein solcher Befall festgestellt werden, ist es notwendig, alle Einrichtungsgegenstände des Kaninchenstalles mit kochendem Wasser zu reinigen. Die Symptome sind unterschiedlich. Manchmal magern befallene Tiere ab, andere verweigern das Futter und auch das Trinken. Das kann fatal sein, denn häufig tritt bei dieser Krankheit auch Durchfall auf. Ein aufgeblähter Bauch kann ebenfalls ein Indiz für diesen Parasitenbefall sein. Ihr Tierarzt wird Medikamente gegen Kokzidiose verabreichen. Dazu ist eine sehr strenge Hygiene einzuhalten.

Dann gibt es noch die Enzephalitozoonose, die durch einzellige Parasiten hervorgerufen wird. Diese Krankheit ist an einer Schiefhaltung des Kopfes zu erkennen sowie an Gleichgewichtsstörungen. Es wird angenommen, dass sehr viele Kaninchen infiziert sind, aber es nicht zwangsläufig bei allen zum Ausbruch dieser Krankheit kommt. Unter Umständen kann sie auch für den Menschen gefährlich werden.

Ohne eine tierärztliche Versorgung führt dieser Parasitenbefall zum Tod des betroffenen Kaninchens. Das Tier sollte auf jeden Fall isoliert werden, denn andere Kaninchen in der Gruppe können sich anstecken. Antibiotika und Wurmmittel werden meist vom Tierarzt gegeben, aber es kann eine sehr umfangreiche und langwierige Behandlung werden.

# IMPFUNGEN

Innerhalb eines Kaninchenbestandes kann sich eine Krankheit schnell wie eine Seuche ausbreiten. Und diese gibt es reichlich. Sie können für Wohnungskaninchen genauso gefährlich werden wie für Kaninchen, die draußen gehalten werden. Über Tröpfchen- und Schmierinfektionen ist schnell jedes Tier in der Kolonie erreicht. Doch zum Glück gibt es für zahlreiche Erkrankungen auch eine passende Impfung. Ihr Tierarzt wird Sie hinsichtlich der Termine für die Grundimmunisierungen und die Folgeimpfungen beraten. Die Kosten halten sich mit zwischen etwa 20 € und 50 € in Grenzen.

Gegen welche Krankheiten Sie Ihr Kaninchen impfen lassen sollten, erfahren Sie im weiteren Text:

Unbedingt ratsam ist eine Impfung gegen die Chinaseuche, auch RHD1 und RHD2 genannt. Ein mit dieser Seuche befallenes Kaninchen stirbt innerhalb weniger Tage, wenn es nicht behandelt wird.

Genauso wichtig ist eine Impfung gegen Myxomatose. Diese Krankheit wird durch Wildkaninchen übertragen, zum Beispiel, wenn Sie Grünfutter in der Umgebung pflücken, wo sich vorher ein infiziertes Wildkaninchen aufgehalten hat. Durch die Impfung wird die Krankheit gemildert oder die Symptome bleiben sogar ganz aus.

Diese beiden Impfungen sind die wichtigsten für Ihr Kaninchen.

Es gibt außerdem noch eine Impfung gegen den Kaninchenschnupfen. Diese ist aber nur in einem größeren Zuchtbetrieb notwendig. Ebenso brauchen Sie Ihr Kaninchen auch nicht gegen Darmlähme, Enterocolitis genannt, impfen lassen. Sie tritt bei artgerechter Haltung kaum auf und macht auch hier nur in großen Zuchtstätten Sinn.

## KRANKENVERSICHERUNG

Es gibt mittlerweile die Möglichkeit, für Kaninchen eine Krankenversicherung abzuschließen. Bis vor einiger Zeit war dies nur bei Hunden oder Katzen möglich. Hier sollten Sie aber genau die Leistungen vergleichen und abwägen, ob sich dieses lohnt. Sicher können Tierarztkosten schnell in einen vierstelligen Bereich hochschnellen, aber es kann auch sinnvoller sein, jeden Monat einen Geldbetrag zur Seite zu legen, um dann unvorhergesehene Kosten beim Tierarzt begleichen zu können. Eine Krankenversicherung kann für zwei Tiere um die 25 € kosten. Und es ist nicht sichergestellt, dass wirklich alle Leistungen beim Tierarzt inbegriffen sind. Lesen Sie also genau die Versicherungsbedingen durch, bevor Sie diese abschließen.

## VERABREICHEN VON MEDIKAMENTEN

Meist kommen Sie nicht darum herum, im Krankheitsfall Medikamente zu geben. Sei es in Form von Tabletten oder als Tropfen. Als ersten Schritt sollten Sie natürlich versuchen, ob Ihr Kaninchen die Medizin von allein aufnimmt, wenn es zum Beispiel zum täglichen Futter gegeben wird. Passen Sie aber auf, dass keines Ihrer anderen Kaninchen dieses zu sich nimmt. Hierin ist schon die erste Schwierigkeit zu meistern.

Wenn es so nicht möglich ist, können Sie Tabletten zum Beispiel in einem sehr bevorzugten Leckerbissen verstecken. Besonders gut eignen sich hier Trockenfrüchte wie Rosinen, Softpflaumen oder Cranberrys, falls Ihre Fellnase so etwas mag. Geben Sie dieses Leckerli erst ohne das Medikament, dann bieten Sie Ihrem Kaninchen denselben Leckerbissen mit der Medizin an und zum Schluss noch einmal ohne. So können Sie vielleicht verhindern, dass Ihr Tier den Leckerbissen in Zukunft nicht ablehnt. Wiederholen Sie diese tägliche Prozedur mit jeweils einem anderen Leckerbissen, damit Ihr Kaninchen nicht in Gewohnheit verfällt und das Medikament irgendwann herausschmeckt.

Bei flüssigen Medikamenten können Sie versuchen, Ihrem Kaninchen dieses mit einer kleinen Spritze zu verabreichen. Manchmal gelingt dieses. Banane und Apfel eigenen sich hervorragend dazu, einen Brei herzustellen und darin das flüssige Medikament hineinzumischen. Sollte Ihr Kaninchen die Medizin herausschmecken, geben Sie einfach mehr von dem Bananen- oder Apfelbrei hinzu.

Sollen nur kleine Mengen eines flüssigen Medikamentes verabreicht werden, können Sie es Ihrem Kaninchen auch an das Mäulchen und die Vorderpfoten schmieren. Es wird anfangen, sich zu putzen und nimmt so die Medizin mit auf.

Haben Sie einmal ausprobiert, ob Ihr Tier Obstsäfte mag? So können Sie dann zum Beispiel die flüssige Medikation in Karottensaft einmischen und verabreichen.

Wenn nichts von den oben beschriebenen Möglichkeiten funktioniert, müssen Sie die Medizin mit einer kleinen Spritze seitlich in das Maul Ihres Kaninchens geben. Das ist natürlich eine nicht so schöne Art, aber Ihr Tier soll ja wieder gesund werden und braucht deshalb die vom Tierarzt verschriebene Medizin.

Medikamente in Pulverform können Sie, wie oben schon beschrieben, in einen Obstbrei hineinrühren oder es über das Frischfutter streuen. Dieses sollte dann vorher angefeuchtet werden, damit das Pulver haftet. Meist lässt sich das Pulver auch in Flüssigkeiten auflösen und gegebenenfalls mit einer Spritze ins Mäulchen träufeln.

Vielleicht ist es auch möglich, die entsprechende Medizin als Spritze zu geben. Dies ist auf jeden Fall verträglicher zur Verdauung. Wenn Sie Ihr Kaninchen währenddessen und danach streicheln, bekommt es kaum etwas von der Spritze zu spüren. Sie sollten sich allerdings zutrauen, eine Spritze zu verabreichen. Ihr Tierarzt wird Sie in dieser Sache gut anleiten, damit Sie nichts falsch machen.

Eine letzte Möglichkeit ist die Zwangseingabe von Medikamenten. Daran sollte aber erst gedacht werden, wenn alles andere ausprobiert wurde und nichts funktioniert hat. Es sollte sich außerdem um eine zwingend notwendige Medikation handeln, denn hier entsteht erheblicher Stress für Ihr Kaninchen und es kann auch das Vertrauen zu Ihnen verlieren. Auf jeden Fall sollten Sie schnell das betroffene Kaninchen einfangen, das Medikament zügig geben und Ihr Tier anschließend sofort wieder laufen lassen. Beobachten Sie, ob das Kaninchen die Medizin auch hinunterschluckt. Eine Beimischung von Obstbrei oder -saft könnte von Vorteil sein. Einige Griffe zum Festhalten Ihres Kaninchens sollten Sie vorher kennengelernt haben. Knien Sie sich auf den Boden und nehmen Sie Ihr Kaninchen zwischen Ihre Oberschenkel, sodass der Kopf von Ihnen weg zeigt. Mit der einen Hand halten Sie nun den Kopf fest, während Sie mit der anderen Hand das Medikament in das Maul geben.

Sie können Ihr Tier auch in ein Handtuch wickeln. So kann es nicht großartig zappeln und die Medizin kann von Ihnen einfacher verabreicht werden. Eine weitere Möglichkeit ist, das Kaninchen mit dem Hinterteil auf Ihren Schoß zu setzen. Mit seinem Rücken lehnt es nun an Ihrem Bauch. Nun können Sie die Medikation in das Mäulchen geben.

Drehen Sie bei allen Aktionen niemals Ihr Kaninchen auf den Rücken. Es kann sich furchtbar verschlucken, denn es ist nicht ausgeschlossen, dass die Medizin in die Luftröhre gelangt und Ihr Kaninchen daran erstickt. Halten Sie auch immer den Kopf Ihres Tieres fest, damit es diesen nicht wegdrehen kann.

# Vergesellschaftung

Vorweg sei gesagt, dass es immer wichtig ist, mehrere Kaninchen, mindestens zwei, zusammen leben zu lassen. Es ist durchaus möglich, dass in einer Kaninchengruppe auch eine Gruppe Meerschweinchen lebt. Hier müssen Sie darauf achten, dass die Meerschweinchen nicht von den Kaninchen unterdrückt werden und dass der Auslauf groß genug ist, damit sich beide Gruppen aus dem Weg gehen können.

Ansonsten leben sie recht friedlich nebeneinander her. Dagegen sollten Sie nicht versuchen, Ratten, Mäuse, Chinchillas oder Hamster und Degus mit Ihren Kaninchen zu vergesellschaften. Sie vertragen sich überhaupt nicht untereinander. Es ist aber möglich, diese Tiere in verschiedenen Gehegen in einem Raum unterzubringen. Dagegen sollten Sie Vögel nicht in einem gemeinsamen Raum mit den Kaninchen wohnen lassen. Kaninchen sind sehr geräuschempfindlich. Das laute Geschrei mancher Vögel ist sehr störend für Kaninchen.

Katzen und Hunde sollten Sie ebenfalls nicht mit Ihren Kaninchen zusammenkommen lassen. Hierbei handelt es sich um Raubtiere und in einem unbeobachteten Moment kann es passieren, dass Hund oder Katze das Kaninchen als Beutetier erkennen. Unter Beobachtung können Sie selbstverständlich austesten, wie sich Kaninchen, Hund und Katze untereinander verstehen und gemeinsamen Auslauf gewähren, wenn sichergestellt ist, dass alle friedlich sind. Kaninchen untereinander zu vergesellschaften, ist auch nicht immer einfach.

Am besten gelingt dies mit einer Häsin und einem kastrierten Rammler. Wenn weitere Tiere hinzukommen, sollten sie sich auf „neutralem Boden" begegnen. Das heißt, dass keines der Tiere den Ort des Zusammentreffens schon vorher als sein Revier abgesteckt haben darf. Es kann einige Tage dauern, bis sich die Tiere untereinander verstehen.

# Vermeidung von Fehlern

**F**ehler werden immer und überall gemacht. Doch sie sind dafür da, um aus ihnen zu lernen, sie zu beheben und es in Zukunft besser zu machen.

Der häufigste Fehler in der Kaninchenhaltung ist, dass die Tiere in einem viel zu kleinen Stall gehalten werden. Wenn man bedenkt, dass ein Kaninchen einen sehr extremen Bewegungsdrang hat, sollte dieses eigentlich undenkbar sein und immer für ein großes Gehege gesorgt werden. Alles andere ist für ein Kaninchen ungesund und führt zu Krankheiten und Verhaltensstörungen. Leider ist es oft die

Realität im Leben eines Kaninchens, dass es in einem kleinen, engen Käfig sein Dasein fristen muss.

Auch in der Wohnung gibt es genug Möglichkeiten, Kaninchen artgerecht zu halten. Dazu sollten Sie allerdings bereit sein, Kompromisse einzugehen. Es lässt sich nicht vermeiden, dass Stuhlbeine angeknabbert werden oder hier und da einmal ein Köttel auf dem Boden zu finden ist.

Im Kapitel Haltung finden Sie Ideen und Möglichkeiten, wie Sie Ihr Kaninchen drinnen oder draußen am besten unterbringen.

Ein weiterer Fehler, der gerne gemacht wird, ist in der Vergesellschaftung mit Meerschweinchen zu finden. Natürlich können Kaninchen und Meerschweinchen zusammen in einem Gehege gehalten werden, aber es muss mindestens ein weiteres Kaninchen, und für das Meerschweinchen natürlich auch ein weiterer Artgenosse, vorhanden sein, denn Meerschweinchen verstehen nicht die Kaninchensprache und umgekehrt versteht auch das Kaninchen nicht, was ein Meerschweinchen ihm mitteilen möchte. Kaninchen dürfen auf keinen Fall allein gehalten werden, sie brauchen die sozialen Kontakte zu ihren Artgenossen. Auch in der Fütterung werden immer wieder Fehler gemacht. Es ist einfach, in den Einkaufsladen zu gehen und eine Tüte

Kaninchenfutter zu kaufen. Aber dieses Futter allein als Hauptfutter anzubieten, ist gesundheitsschädlich für Ihr Kaninchen. Es muss immer Frisch- und Rauhfutter gegeben werden. Das ist neben gutem Heu der Hauptbestandteil der Ernährung. Welches Futter Sie hier am besten anbieten, können Sie dem Kapitel Fütterung entnehmen.

# Kaninchenkauf

Sehen Sie bitte davon ab, Ihre Kaninchen in einem Zoohandel zu kaufen. Hier sind negative Überraschungen meist vorprogrammiert. Oft sind die Tiere krank oder haben Verhaltensstörungen. Auch wenn Sie starkes Mitleid haben, sollten Sie sich trotzdem nicht dazu verleiten lassen.

Gehen Sie lieber in ein nahe gelegenes Tierheim oder schauen Sie sich in Zeitungen oder in Online-Kleinanzeigen nach einem seriösen Kaninchenzüchter um. Hier werden Sie auch gut beraten, was die Unterbringung oder Vergesellschaftung mit anderen Kaninchen angeht.

Vor dem endgültigen Kauf eines oder besser mehrerer Kaninchen sollten Sie sich folgenden

Kriterien kundig machen und sich auch entsprechend umsehen:

Sind die Tiere geimpft? Lassen Sie sich den Impfpass zeigen.

Rammler sollten sehr frühzeitig kastriert sein. Dieses verhindert Probleme bei der Vergesellschaftung mit Artgenossen.

Die Abgabetiere haben keinerlei Parasiten und sie sind mindestens 12 Wochen alt.

Vor Ort, wenn Sie sich die Kaninchen ansehen möchten, achten Sie bitte auf Folgendes:

Werden die Tiere mit ausreichend Frischfutter versorgt und nicht nur mit Fertigfutter aus dem Handel ernährt?

Sind die Ausläufe und Lebensbereiche der Kaninchen ausreichend groß und sauber?

Sehen alle Kaninchen aus der Zucht gesund und munter aus?

Wie lebt der Rammler, der zur Zucht eingesetzt wird? Ist er mit einem kastrierten Rammler oder einer kastrierten Häsin vergesellschaftet? Dann ist alles in Ordnung.

Ist das Muttertier bei den Jungen und können Sie gegebenenfalls die ganze Zucht besichtigen? Sie sollten nicht das Gefühl haben, dass Ihnen etwas verheimlicht oder vorenthalten wird.

Ist die Abgabestelle daran interessiert, wie Sie die Kaninchen halten werden?

Die Abgabestelle drängt Ihnen keine Tiere auf, sondern versorgt Sie mit Informationen über Krankheiten und andere Probleme.

Der Züchter hat sich nur auf eine Rasse oder wenige verschiedene Rassen spezialisiert. Dann ist diese Zucht seriös.

# Rassen und Merkmale

Viele Kaninchen können keiner eindeutigen Rasse zugeordnet werden. Sie besitzen lediglich Merkmale einer bestimmten Rasse. So können zum Beispiel hängende Ohren von einem Widderkaninchen stammen.

Als Zwergkaninchen bezeichnet man Tiere, die sehr klein sind und kleine Ohren haben. Sie wiegen meist nicht mehr als zwei Kilogramm. Wenn Ihr Kaninchen langes Fell hat, ist oftmals die Rasse des Angorakaninchens oder ein Teddy im Stammbaum zu finden.

Angorakaninchen sind eine große Rasse, während Teddys zu den kleinen Rassen gehören. Besitzt Ihr Kaninchen dagegen eine Mähne oder lange Haare am Kopf oder um die Ohren, dann könnte es sich um ein Löwenköpfchen handeln.

Im folgenden Text werden nun einige Kaninchenrassen und deren Merkmale sowie Charaktere und Krankheiten beschrieben:

## DAS HERMELIN-KANINCHEN

Es hat einen gedrungenen Körper mit einem runden Kopf. Sein Fell ist ausschließlich weiß, während die Augen immer rot oder blau sind. Dies verleiht diesem Kaninchen ein besonders schönes Aussehen.

Das Hermelin-Kaninchen ist sehr aktiv, aber auch vorsichtig und schreckhaft.

Angeborene Zahnfehlstellungen sind leider oft zu beobachten. Bei Albinos kommt es häufiger zu Haut- und Augenproblemen, wobei diese sehr gefährdet für einen Sonnenbrand sind. Einen Albino erkennen Sie an den roten Augen.

Aufgrund der Kleinwüchsigkeit ist bei dem Nachwuchs mit nicht lebensfähigen oder behinderten Jungen zu rechnen. In der Zucht werden Kaninchen, die nicht dem Rassetyp entsprechen, aussortiert. Sie werden dann meist geschlachtet oder verfüttert. Deshalb sollte man die Hermelin-Zucht als kritisch betrachten. Leider haben Kaninchen dieser

Rasse eine geringere Lebenserwartung als andere Rassen, da sie sehr krankheitsanfällig sind.

## DER ZWERGWIDDER

Diese Rasse ist in sämtlichen Farben zu finden. Das markanteste Merkmal sind die Schlappohren.

Der Zwergwidder ist eine ruhige und gemütlich wirkende Rasse.

Leider ist das Hörvermögen durch die hängenden Ohren oft eingeschränkt. Auch finden sich recht häufig taube Kaninchen in dieser Zuchtform. Wenn Sie ein solches Kaninchen besitzen, sollten Sie die Ohren Ihres Tieres oft kontrollieren, denn es kann aufgrund der Schlappohren zu Entzündungen in diesen kommen.

## DAS LÖWENKÖPFCHEN ODER LÖWENKOPF-KANINCHEN

Diese Rasse ist nicht anerkannt und das Löwenköpfchen wird deshalb in den unterschiedlichsten Größen angeboten. Sämtliche Fellfarben sind vorhanden und die Mähne kann viel oder wenig ausgeprägt sein.

Es ist ein sehr aktives, freches und manchmal auch zickiges Kaninchen.

Leider werden hier viele Erbkrankheiten weitergegeben, da es keinen Rassestandard gibt. Die Löwenmähne bereitet dem Kaninchen ebenfalls Probleme, da das Sichtfeld eingeschränkt ist und einige Haare auch in den Augen reiben, was wiederum zu Augenentzündungen führen kann. Achten Sie darauf, dass die Augen immer frei von Haaren sind und schneiden Sie diese gegebenenfalls weg.

Eine spezielle Haarpflege ist hier im Normalfall allerdings nicht notwendig. Allenfalls können Sie mit einem speziellen Handschuh oder einer weichen Bürste das Fell ein wenig entwirren, wenn Ihnen dies nötig erscheint.

## DER FARBENZWERG

Diese Rasse ist das Zwergkaninchen schlechthin. Sie sind in vielen verschiedenen Farben erhältlich. Der Farbenzwerg ist sehr aktiv und flink, aber auch vorsichtig und schreckhaft.

Sollte Ihr Farbenzwerg über einen gedrungenen Kopf verfügen, achten Sie bitte auf Zahnfehlstellungen. Dieses tritt leider häufig bei dieser Rasse auf. Auch diese Züchtung sollte mit kritischem Auge gesehen werden, da hier der Nachwuchs aussortiert wird, der nicht dem Zuchtziel entspricht. Bei sehr kleinen Kaninchen ist die Lebenserwartung nicht so hoch und sie sind sehr krankheitsanfällig.

## DER ZWERGSCHECKE

Die Grundfarbe ist immer weiß. Die Scheckungen können in verschiedenen Farben vorhanden sein. Eine genaue Punktverteilung ist bei Zucht erwünscht, aber die wenigsten Tiere haben diese Voraussetzung.

Wenn Sie allerdings nicht planen, mit Ihrem Kaninchen eine Zucht zu beginnen, erscheint dies aber nicht besonders wichtig. Ihnen soll dieses Kaninchen gefallen, ob es nun die Flecken und Punkte am richtigen Platz hat oder nicht, ist dann völlig unwichtig.

Der Zwergschecke ist aktiv und aufgeweckt, aber auch manchmal ängstlich.

Durch den vorhanden Zwergenfaktor in seinen Genen, welches fast jedes Zwergkaninchen besitzt, verfügt es leider auch über die schon oben erwähnten Gesundheitsrisiken. Außerdem leidet diese Rasse häufig unter dem Megacolon-Syndrom, welches weiter an die Nachkommen vererbt wird. Chronische Verdauungsstörungen und eine Immunschwäche sind die Folge, die Lebenserwartung ist hier nicht sehr hoch.

## DIE TEDDYKANINCHEN UND TEDDYWIDDER

Diese Rasse besitzt ein weiches, langes Fell, welches nicht geschoren werden muss. Es findet zweimal im Jahr ein ganz normaler Fellwechsel statt. Sie sollten aber, wenn Sie so eine Rasse beherbergen, das Fell regelmäßig kämmen und entfilzen.

Besonders während des Fellwechsel bietet sich dies an. Es erfordert dann schon einen kleinen Zeitaufwand, aber Ihr Kaninchen wird es Ihnen danken. Teddyzwerge haben stehende Ohren, während Teddywidder herabhängende Ohren besitzen.

Die Mimik dieses Kaninchens ist in dem dichten Fell nicht immer erkennbar, deshalb wirkt es oft gleichgültig.

Die Augen müssen immer vom Fell befreit werden, damit das Kaninchen sehen kann. Zudem ist es nicht sehr wetterfest, da die Deckhaarschicht fehlt.

## DAS ANGORAKANINCHEN

Das Angorakaninchen ist eine anerkannte Züchtung. Sie wurden einst gezüchtet, um ihr Fell zu vermarkten. Es wächst schnell und dicht. Ein Fellwechsel findet nicht statt.

Das Angorakaninchen ist sehr ausgeglichen.

So schön diese Rasse auch ist, diese Kaninchen leiden unter ihrem dichten Fell. Der Besitzer kommt mit der Schur kaum hinterher, so schnell wächst es nach. Dazu kommt, dass das Fell keinen Schutz vor dem Wetter bietet. Sie sollten beachten, falls Sie ein Angorakaninchen Ihr Eigen nennen, dass Sie hier eine strenge Fellpflege einhalten müssen, auch, wenn Ihr Kaninchen das eigentlich gar nicht möchte. Vor allem die Augen müssen von den Haaren befreit werden. Ansonsten kann es hier auch zu Entzündungen und Reizungen führen.

## DAS HASENKANINCHEN

Ja, so etwas gibt es tatsächlich. Und nein, es ist keine Kreuzung zwischen einem Hasen und einem Kaninchen, da es biologisch gar nicht möglich ist, diese Rassen untereinander zu kreuzen.

Es handelt sich hier um eine belgische Rasse und sie hebt sich deutlich von anderen Rassen ab. Deshalb ist es auch eine sehr besondere Rasse. Sie heißt so, weil das Hasenkaninchen viel Ähnlichkeit mit einem wildlebenden Hasen hat.

Die lange und schlanke Körperform ist einzigartig. Das Hasenkaninchen braucht sehr viel Platz, da es extrem bewegungsfreudig ist. Eine Grundfläche für zwei Tiere sollte nicht unter zehn Quadratmeter groß sein. Sie sind sehr neugierig und intelligent. Mit ihnen können Sie wunderbar einige Tricks und Kunststücke einstudieren. Der Auslauf sollte gut gesichert sein, denn Hasenkaninchen neigen dazu, auszubrechen.

Das Hasenkaninchen hat keine größeren Gesundheitsprobleme. Eventuell treten vielleicht einmal Erkrankungen an den Gelenken auf. Das liegt an der Größe und dem Gewicht der Tiere. Ansonsten sind sie recht pflegeleicht und das ideale Kaninchen für Anfänger.

## DIE DEUTSCHEN RIESEN

Für diese Rasse brauchen Sie ebenfalls sehr viel Platz, denn es ist die größte Kaninchenrasse. So ein Tier kann zwischen sechs und zwölf Kilogramm auf die Waage bringen.

Um das Gewicht halten zu können, brauchen Deutsche Riesen viel und energiereiches Futter.

Sie sind ruhige und gemütliche Vertreter unter den Kaninchen. Diese Tiere werden sehr zahm und zutraulich. Zudem wirken sie gemütlich und sind dabei sehr verfressen.

Diese Rasse wird leider nur etwa vier Jahre alt. Sie bekommen oft Erkrankungen an den Gelenken und am Herzen, was auch durch ihre Größe und das Gewicht verursacht wird.

## DIE DEUTSCHEN RIESENSCHECKEN

Der einzige Unterschied zum Deutschen Riesen ist die Färbung. Während die Deutschen Riesen in allen Farbschlägen vorkommen, gibt es die Riesenschecken nur mit einer gescheckten Färbung.

Der Charakter ist gleichzusetzen mit ihren oben genannten Verwandten.

Auch die Deutschen Riesenschecken haben eine geringe Lebenserwartung und sind sehr krankheitsanfällig. Meist leiden sie an Gelenkserkrankungen und solchen am Herzen. Wegen der gescheckten Färbung haben die Deutschen Riesenschecken oft auch das Megacolon-Syndrom, welches in der Zucht weitervererbt wird. Die Folgen sind dann chronische Verdauungsstörungen und eine Immunschwäche. Dies kann zu einem frühen Tod führen.

## DER DEUTSCHE WIDDER

Dies ist die größte Widderrasse und kann bis zu neun Kilogramm schwer werden. Der Deutsche Widder ist ein sehr ausgeglichenes und ruhiges Kaninchen.

Diese Rasse leidet oft an Arthrose und, aufgrund ihrer Größe, an Herzerkrankungen. Wegen ihrer Schlappohren haben Deutsche Widder auch vermehrt Probleme mit den Ohren, hier treten häufig Entzündungen auf. Kontrollieren Sie die Ohren regelmäßig, um dem vorzubeugen. Ihre Lebenserwartung ist leider auch nicht so hoch wie bei kleineren Rassen.

## REX-KANINCHEN

Das Rex-Kaninchen hat ein samtig weiches Fell. Wenn Sie so eine Rasse bei sich zu Hause unterbringen, sollten Sie sich um ein überdachtes Gehege bemühen, da das Fell keinen ausreichenden Witterungsschutz bietet.

Diese Rasse kann Schwierigkeiten mit der räumlichen Orientierung haben, weil bei ihnen die Wimpern und die Schnurrhaare nur halb so lang sind wie bei anderen Kaninchen. Manchmal fehlen sie sogar gänzlich. Meistens sind die Rex-Kaninchen sehr sanft, können aber auch andere Charakterzüge zeigen.

Wegen ihres Felles sind diese Kaninchen anfälliger für Erkältungen und sie leiden häufiger an wunden Läufen. Hier ist eine stetige Kontrolle der Läufe notwendig.

# Beschäftigung

Gerade bei der Wohnungshaltung sollten Sie für ausreichend Abwechslung sorgen. Ansonsten kann es passieren, dass sich Ihre Kaninchen mit Ihrer Wohnungseinrichtung beschäftigen. Das möchten Sie sicherlich verhindern, denn immer wieder neue Möbel kaufen, kann ein teurer Spaß werden.

Um Ihre Tiere von Ihren Tischen und Stühlen abzulenken, können Sie zum Beispiel von draußen Tannenzapfen sammeln. Achten Sie darauf, dass diese frei von Harzen sind. Nun füllen Sie sie mit Obst und Gemüse, auch in getrocknetem Zustand, und bieten Sie diese Ihren Kaninchen zum Spielen und Leckereien sammeln an.

Eine weitere Möglichkeit ist, leere Toilettenpapier-rollen und solche vom Haushaltspapier mit allerlei Leckerlis oder Heu zu füllen. Ihre Kaninchen werden mit Freude damit beschäftigt sein, an die Leckerbis-sen zu kommen. Zudem werden sie die Papprollen gerne in kleine Teile zerlegen und haben so ihren Spaß daran.

Eine dritte Alternative, zum Möbel anknabbern, ist das Clicker-Training. Informieren Sie sich vorher sorgfältig, wie es funktioniert. Im Internet werden Sie sicher fündig, zumindest das Clicker-Training für Katzen ist beschrieben und das Prinzip ist dasselbe. Man gewöhnt das Kaninchen an den Clicker, indem eine positive Aktion mit dem Klick und einem Le-ckerli belohnt wird. Hier können Sie auch versuchen, einige Kunststückchen einzustudieren. Dieses ist aber mit viel Zeit und Geduld verbunden.

Einen Snack-Ball können Sie schnell und günstig selbst herstellen. Nehmen Sie eine kleine Halbliter-Flasche aus Kunststoff und schneiden Sie Löcher hin-ein. Nun können Sie diese Flasche mit verschiedenen Leckerbissen befüllen. Das Kaninchen wird versu-chen, diese Flasche so lange hin und her zu rollen, bis die Leckerbissen herausfallen. Wenn Sie zum Basteln keine Lust haben oder es in Ihrem Haushalt keine Kunststoff-Flaschen gibt, können Sie sich solche

Snack-Bälle auch im Fachhandel besorgen. Schon ist Ihr Kaninchen wieder beschäftigt und wird von Ihren Möbeln absehen.

Ein Futterbaum ist eine weitere Möglichkeit, Ihr Tier zum Spielen und Sammeln anzuregen. Es gibt fertige Futterbäume zu kaufen, Sie können aber auch selbst einen aus einem Stamm herstellen. Diesen befestigen Sie am besten auf einer standfesten Holzplatte. An dem Futterbaum werden dann verschiedene Zweige oder auch andere leckere Sachen befestigt. Das Kaninchen muss sich ein wenig anstrengen, um an die Snacks zu gelangen. Ein Ziegelstein mit Löchern erfüllt auch diesen Zweck.

Kaninchen lieben Tunnel und Röhren. Gerne nehmen sie auch ein ganzes System von diesen an. Sie können solche Tunnelsysteme selbst aus Holz oder Abflussrohren bauen. Fertige Tunnel und Röhren aus Heu oder kuscheligem Vlies gibt es im Fachhandel zu kaufen.

Eine ganz einfache Beschäftigungsvariante ist es, eine Papiertüte mit Heu zu befüllen und es Ihren Kaninchen anzubieten. Die Papiertüte kann auch leer sein oder Sie stopfen sie mit zerknülltem Zeitungspapier voll. Ihr Kaninchen wird neugierig damit spielen, denn das Knistern und Rascheln der Tüte kann sehr interessant sein. Bitte schneiden Sie vorher die Henkel ab oder durch, denn diese können eine Gefahr darstellen.

Mit gekauften Weidenbällen werden sich Ihre Langohren auch gerne beschäftigen. Hier können Sie auch Leckereien einfüllen oder sie einfach so zum Spielen hingeben. Eine Zeit lang werden sich Ihre Tiere mit diesen Bällen neugierig auseinandersetzen. Wenn dieses Spiel langweilig wird, nehmen Sie die Bälle erst einmal wieder beiseite und ersetzen sie durch ein anderes Spielzeug. In jedem Fall wird Ihre Wohnungseinrichtung geschont.

Leere Kartons sind ebenfalls ein interessantes Spielzeug. Achten Sie darauf, dass diese nicht mit Schadstoffen behandelt oder bedruckt sind und entfernen Sie eventuell noch vorhandene Klebebänder. In einen solchen vorbereiteten Karton schneiden Sie verschieden große Löcher hinein. Ihre Kaninchen haben nun eine neue Versteckmöglichkeit und sie werden mit Vorliebe den Karton beknabbern und in kleine Teile zerlegen. Wenn Ihre Kaninchen allerdings anfangen, größere Mengen von dem abgeknabberten Karton zu fressen, räumen Sie diesen bitte wieder weg.

Es gibt im Fachhandel verschiedene Holzspielsachen oder solche aus Heu zu kaufen, die mit Leckerbissen gefüllt werden können oder einfach nur so zum Spielen und Nagen angeboten werden. Dieses vertreibt auch die Langeweile und Ihre Einrichtungsgegenstände werden in Ruhe gelassen.

Besorgen Sie sich eine Wäscheleine oder eine andere einfache Schnur. Hängen Sie diese so hoch auf, dass Ihre Kaninchen nur drankommen, wenn sie sich auf ihre Hinterbeine stellen, also Männchen machen müssen. Mit Wäscheklammern befestigen Sie nun diverse Leckerbissen an der Leine und Ihre Kaninchen haben wieder etwas Neues zu tun.

Schmeißen Sie in Zukunft keine alten Socken weg. Füllen Sie diese mit Heu und wieder haben Sie ein neues Kaninchenspielzeug geschaffen.

Auch Holzspielzeug für Kleinkinder können Sie für Ihre Fellnasen zweckentfremden und es ihnen zum Spielen anbieten.

Eintönigkeit im Gehege ist jedenfalls bei Ihren Kaninchen überhaupt nicht erwünscht. Stellen Sie daher öfter einmal die Gegenstände um oder entfernen Sie sie für ein paar Tage. Dann bieten Sie die Sachen wieder an. Möglich wäre auch, die entfernten Einrichtungsgegenstände durch neue zu ersetzen und nacheinander zu tauschen. Ihre Tiere werden immer wieder neugierig ihre Umgebung erkunden und es wird ihnen nicht so schnell langweilig. Ihre Möbel werden es Ihnen danken.

# Kunststücke

Da Kaninchen sehr intelligent und lernwillig sind, können Sie, um der Langeweile vorzubeugen, mit Ihrem Kaninchen kleine Kunststückchen einstudieren. Sie müssen hierfür aber viel Geduld mitbringen. Auf keinen Fall dürfen Sie Ihr Kaninchen zu etwas zwingen, denn dann verliert es die Lust und den Spaß daran. Von Vorteil kann es sein, wenn Sie die Erprobung von Kunststücken mit einem Clicker verbinden.

Probieren Sie einmal aus, ob Ihr Kaninchen gerne springt. Wenn dies der Fall ist, so stellen Sie einen kleinen Hindernisparcours auf. Beobachten Sie, ob Ihr Tier diesen annimmt und versucht, einige Hürden zu überspringen. Wenn es dieses macht, belohnen Sie es mit einem besonderen Leckerli oder mit dem Clicker oder mit beidem. Mit der Zeit verändern Sie den Parcours, stellen die Hindernisse schwieriger auf oder erhöhen sie ein wenig. Es gibt in Schweden die Sportart „Kaninhop". Wie der Name schon vermuten lässt, springen hier Kaninchen über Hürden. Es gab ein Kaninchen aus Dänemark, welches eine Höhe von 99,5 cm überwand.

Kaninchen-Agility ist eine weitere Möglichkeit, um mit Ihrem Kaninchen zu trainieren. Schauen Sie im Internet nach, wie es funktioniert. Katzen- und Hunde-Agility eignet sich sehr dazu, Sie müssen es natürlich auf Ihre Kaninchen abwandeln. Bauen Sie einen kleinen Parcours, in dem Ihr Kaninchen zum Beispiel Stangen im Slalom durchlaufen oder einen Leckerbissen unter einem leichten Ball hervorholen muss. Sie können Ihrem Liebling auch beibringen, über eine Brücke oder eine Wippe zu gehen. Kleine oder größere Tunnel, vielleicht noch welche, die rascheln, sind auch hervorragend geeignet. Ihrer Fantasie sind hier kaum Grenzen gesetzt, es sollte aber natürlich von einem Kaninchen zu bewältigen sein.

Bei all solchen Aktivitäten gilt aber nach wie vor: Zwingen Sie Ihr Kaninchen zu nichts, lassen Sie es freiwillig agieren und leinen Sie es auf keinen Fall an. Dies kann zu üblen Verletzungen und

Strangulierungen führen.

Nun haben Sie sicherlich eine Menge an Informationen bekommen. Wenn Sie die wichtigsten Punkte aus diesem Buch beherzigen, werden Sie Ihren Kaninchen auf jeden Fall gerecht, können Ihnen ein schönes Zuhause bieten und werden viel Spaß und Freude mit Ihren neuen Haustieren haben. Und vielleicht wird auch ein neues Naturtalent als Handwerker mit Ihnen geboren.

Lesen Sie auf jeden Fall immer wieder einmal nach, ob Sie an alles gedacht haben. Sich diese Fülle an Informationen sofort zu merken, ist nahezu unmöglich.

Und nun ... gutes Gelingen mit Ihrer Kaninchenhaltung.

Herstellung und Verlag:

BoD – Books on Demand, Norderstedt

ISBN: 9783752630367

1. Auflage

Kontakt: Psiana eCom UG/ Berumer Str. 44/ 26844 Jemgum

Covergestaltung: Fenna Larsson

Coverfoto: depositphotos.com

FSC
www.fsc.org

MIX

Papier aus ver-
antwortungsvollen
Quellen
Paper from
responsible sources

FSC® C105338